Voodoo Chants

Gebete für die Voodoo-Götter

Michael Felske

IMPRESSUM

Bibliografische Information der Deutschen
Nationalbibliothek:
Die Deutsche Nationalbibliothek verzeichnet diese
Publikation in der Deutschen Nationalbibliografie;
detaillierte bibliografische Daten sind im Internet über
http://dnb.dnb.de abrufbar.

Herstellung und Verlag: BoD – Books on Demand,
Norderstedt

ISBN: 978-3-7448-7519-6

Papa Legba, Voodoo Legba

Du Herrscher der Kreuzwege

Bitte öffne die Schranken

Zur Welt der Loa

Damit ich sie passieren kann

Wenn ich zurückkomme

Grüße ich die Loa

Chant für Papa Legba

INHALTSVERZEICHNIS

VORWORT

Anrufungen, Gebete, Gesänge, Chants, Voodoo-Chants: Diese Begriffe bezeichnen Texte, die den Gottheiten des Voodoo gewidmet sind.

Mit Hilfe dieser Chants können Sie einen intensiven und persönlichen Kontakt zur Welt der Loas aufbauen. Das — und nur das allein - ist der Sinn dieser Publikation. Hier finden Sie traditionelle Voodoo-Chants und Texte aus der persönlichen rituellen Erfahrung der Autoren. Selbstverständlich können Sie diese Chants umändern, umstellen und so in eine Reihenfolge bringen, die Ihnen persönlich besser gefällt. Wenn Sie eigene Chants entwickeln, dann fügen Sie diese einfach beim passenden Loa in dieses Buch ein.

Denken Sie aber bei allem immer an die Vorlieben und Eigenschaften der Loa — da sollten Sie sorgfältig sein. Wenn Sie ein Opfer im Chant versprechen oder ankündigen, dann bringen Sie es auch. Das dürfen Sie nicht vergessen. Niemals!

Viel Erfolg!

ALLGEMEINES ÜBER CHANTS

Chants sind Sprechgesänge

"Ritualöl und magischen Zeiger einkaufen, Kräuter abbrennen und Voodoo-Badezusätze oder –Seife verwenden, und schon klappt es mit der Magie" ist der Aberglauben, dem viele unterliegen. Dahinter steckt neben der Liebe zur rituellen Ausstattung bedauerlicherweise auch der Zeitgeist mit dem weit verbreitetem Wunsch nach maximalem Erfolg bei minimalem Aufwand. Der eine oder andere kleine Effekt wird sich so sicherlich bei manchem einstellen. Aber fragen Sie sich selbst: Wünschen Sie schicke Effekthascherei oder pure Magie? Letztere stellt sich erst dann ein, wenn Sie die magischen Zutaten mit Anrufungen und Lobpreisungen der Götter mischen. Das, und nur das, gibt Ihren Ritualen die Kraft, die Sie sich wünschen. „Chants" heißt übersetzt „Gesänge". Voodoo-Chants im Sinne dieser Veröffentlichung sind Sprechgesänge, die der Anrufung der Götter – der Loa – dienen. Die Chants können entweder von einem einzelnen Gläubigen oder auch von einer Gruppe gesungen/vorgetragen werden. Chants werden wie Mantras endlos wiederholt. Mit den vorliegenden Chants erhalten Sie moderne Gesänge und Gebete, die auf traditionell überlieferten Chants beruhen und aus ihnen heraus entwickelt wurden. Sie dienen Ihnen als

Schlüssel zur Welt der Götter und Geister. Mit diesen Chants gelingt Ihnen der Kontakt zur spirituellen Welt, der Ihr Leben schnell verändern kann. In Zeiten von Hochtechnologie, Bits und Bytes verlieren wir oft den Blick dafür, wie diese Ebene unseren Alltag verändert und beeinflusst. Mit diesen Chants fokussieren Sie Ihr Herz, Geist und den Verstand auf diese unsichtbaren Kräfte. Und dann wird alles möglich.

Es ist überhaupt nicht wichtig, ob Sie bereits aktive Erfahrungen mit Lobpreisungen, rituellen Gesängen oder Predigten hatten. Fangen Sie einfach an und verhalten Sie sich respektvoll gegenüber den Loa. Dann werden Sie auch erhört.

CHANTS FÜR JEDEN LOA

Die Chants sind alphabetisch nach Loas geordnet, denn für jeden Loa gibt es eigene Gesänge. Sie sollten alle Loas einzeln begrüßen – allen voran Papa Legba, den Hüter der Schranken zur Welt der Voodoo-Götter. Der beste Weg ist, Sie suchen sich aus diesen Texten diejenigen heraus, die Ihnen auf Anhieb am Besten gefallen und für Sie ansprechend erscheinen. Dann stellen Sie die Reihenfolge für Ihr Ritual zusammen. Selbstverständlich kommt es dabei auch auf die Absicht an. Wenn Sie zum Beispiel einen Liebeszauber machen wollen, dann ist Erzulie die wichtigste Göttin für Ihr Vorhaben. Nachfolgend dafür ein Beispiel:

Papa Legba, du guter Gott

Heute rufe ich dich an

Papa Legba, du guter Gott

Du bist der erste im Pantheon

Papa Legba, ich brauche deine Hilfe

Ich wünsche mir die Erfüllung

Meines wichtigen Wunsches:

(Wunsch nennen, z.B.:

Max Mustermann möchte ich in

Liebe als meinen Lebenspartner gewinnen)

Papa Legba, du guter Gott

Bitte lass es geschehen und

Lass meinen Wunsch wahr werden

Dafür danke ich dir

Papa Legba, du guter Gott

Du bist der erste im Pantheon

Danke Abobo

Oh Erzulie, du schöne Erzulie

Du bist gut gekleidet

Erzulie, verleihe mir die Sympathie

Damit (Vorname, Name) Max Mustermann sich in mich

Unsterblich verliebt

Erzulie, Du bist die

Meisterin der Liebe

Erzulie, ich bitte um deine Hilfe

Denn ich bin unglücklich

Danke, Abobo

Simbi in der Quelle

Du bist der Meister aller Magier

Papa Simbi, ich bitte dich

um Kraft für meinen Zauber

Ich weiß, dass meine magische

Macht sehr gefährlich ist

Simbi, schütze meine Magie und

bewahre mich vor bösen Fehlern

Simbi in der Quelle

Du bist der Meister aller Magier

Schau auf den Fisch (Fisch als Opfergabe)

Danke, Papa Simbi.

Papa Legba, du guter Gott

Heute rufe ich dich an

Du bist der erste im Pantheon

Papa Legba, ich bitte um deine Hilfe

Papa Legba, Ich wünsche mir die Erfüllung

Meines wichtigen Wunsches:

(Wunsch nennen z.b.:

Max Mustermann möchte ich in

Liebe als meinen Lebenspartner gewinnen)

Atibon-Legba, du bist stark

Papa Legba, ich freue mich, dich zu sehen

Papa Legba, ich grüße alle guten Geister

Danke, Abobo.

EIGENE CHANTS ERARBEITEN

Eine Komposition fremder Texte ist eine Sache – eigene Chants etwas völlig anderes.

Wenn Sie das Selbstvertrauen in Ihre dichterischen Fähigkeiten haben, dann sollten Sie unbedingt die ersten Versuche unternehmen, eigene Chants anzufertigen. Wenn Ihnen auf Anhieb trotz stark empfundenen Wunsches nach dem Ergebnis Ihres Rituals kein Text einfällt, dann haben Sie drei Möglichkeiten:

1.   Sie nehmen die hier vorliegenden Chants und wandeln Sie in Ihrem Sinne ab oder

2.   Sie recherchieren in Bibliotheken und im Internet nach Original-Chants. Diese sind meist in kreolischer Sprache geschrieben, aber mit etwas Sprachgefühl und einigen Französischkenntnissen können Sie diese nach einigen Anfangsschwierigkeiten selbst übersetzen. Wörterbücher dafür gibt es auf CD und im Jahr 2004 als Taschenbuch beim Felske Verlag. Wenn Ihnen das zu aufwändig erscheint, dann kann ich Ihnen noch Folgendes empfehlen:

3.   Sie meditieren und konzentrieren sich auf Ihr Ritual, auf Ihren Wunsch und visualisieren, wie Sie das Ritual durchführen. Dass die Visualisierung nicht nur fünf Minuten dauern sollte, ist Ihnen ohnehin klar. Dabei kann es sein, dass Ihnen Texte für Chants in den Sinn kommen. Wenn Sie dann gut vorbereitet sind, haben Sie etwas zum Schreiben und einen Block in greifbarer Nähe. Notieren Sie Ihren Text und schon kann das Ritual mit eigenen Chants beginnen.

Achtung: Sprechen Sie keine Befehle oder Forderungen gegenüber den Loas aus. Sie würden es Ihnen verübeln.

CHANTS UND MELODIE DER ANRUFUNGEN

Musikalisch müssen Sie nicht unbedingt sein, um zu diesen Chants eine Melodie zu entwickeln. Sie können mit einem einfachen Sprechgesang beginnen, der vielleicht auch nur sehr einfach und monoton klingt. Aus diesem entwickelt sich erfahrungsgemäß recht schnell eine Melodie, die von Ihnen selbst stammt und allein aus diesem Grunde die Wirksamkeit Ihrer Rituale steigert.

Für den Einstieg empfehlen ich Ihnen, einfach die einzelnen Silben zu betonen.

Ein Beispiel:

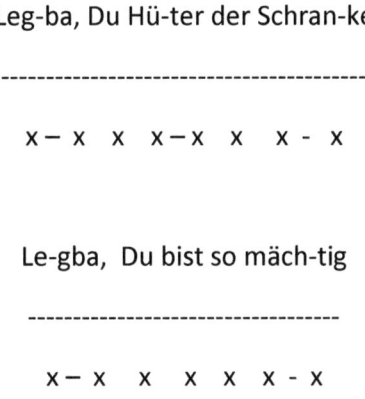

Leg-ba, Du Hü-ter der Schran-ke

----

x — x   x   x — x   x   x - x

Le-gba, Du bist so mäch-tig

----

x — x   x   x   x   x - x

Wiederholen Sie die beiden Sätze und werden Sie dabei lauter. So entwickeln Sie ein Gefühl für den Rhythmus. Probieren Sie nun eine einfache Melodie unter den Text zu legen. Erinnern Sie sich dabei an Ritualgesänge, die Ihnen vielleicht aus der evangelischen oder katholischen Kirche bekannt sind. Selbstverständlich dürfen Ihre Melodien gerne auch fröhlicher sein als die eben angeführten.

Nun können Sie sich entscheiden: Entweder, Sie bleiben bei Ihrer soeben ausgearbeiteten A-Capella-Version oder Sie steigen ein in die instrumentale Begleitung Ihres Chants. Dazu reicht es für den Anfang, die Silben auf einen Tisch mitzuklopfen. Dann können Sie auf Bongos oder Kongas umsteigen.

Wenn Sie meinen, das Trommeln sei nichts für Sie, dann besteht auch die Möglichkeit, einen Kassettenrecorder oder CD-Player zu verwenden. Passende Musik finden Sie zum Beispiel bei Amazon.de im Internet unter dem Stichwort „Schamanismus".

Die Autoren empfehlen Ihnen aber, die Möglichkeiten einer eigenen Trommelmusik auszuprobieren. Loten Sie aus, was mit Ihnen passiert, wenn Sie über mehrere Minuten einen monotonen Rhythmus auf einer kleinen afrikanischen Trommel (gibt es auf Trödelmärkten oder im Musikalienhandel/Internet) schlagen. Schließen Sie dabei die Augen und schlagen Sie diesen einfachen Rhythmus immer schneller. Hören Sie sich selbst zu und steigern Sie sich regelrecht in Ihre eigenen Klänge hinein.

Wenn Sie dann die Musikbegleitung und Ihren Text oft genug probiert haben, bis beides zusammen ansprechend klingt, dann ist Ihr Musik-Chant perfekt für den Einsatz im Ritual.

Versuchen Sie es - es wird sich lohnen, für Sie und Ihre Magie.

MEDITATIONEN ÜBER CHANTS

Meditieren über Liedtexten und Gebeten – zuerst mutet es Ihnen vielleicht etwas komisch und fremdartig an.

Erfahrene Katholiken kennen die Gebetsmeditation sicherlich aus ihrer Kirche. Unerfahrene Einsteiger in die Voodoo-Religion kennen das unter Umständen noch nicht. Meditieren können Sie über jedes Thema. Zum Beispiel - was ich Ihnen auch gerne empfehlen möchte - über die Motive der Tarotkarten. Wenn Sie den engen Kontakt zu den Gottheiten des Voodoo finden möchten, dann sollten Sie die Zeilen der Chants als Medium der Kontaktaufnahme nutzen. Rezitieren Sie zu Beginn Ihrer Meditation den Chant des Loa Ihrer Wahl so lange, bis Sie ihn auswendig können. Jetzt entwickeln Sie einen eigenen Singsang zu diesem Chant. Dazu brauchen Sie kein erfahrener Komponist zu sein. Machen Sie das, was Ihnen gefällt. Scheren Sie sich dabei nicht um andere Leute. Auf keinen Fall, denn Ihre Magie wird gehemmt, wenn sie gehemmt sind! Denken Sie daran.

Nun haben Sie einen Singsang, der von Ihnen einen Rhythmus und ein Tempo bekommen hat. Und damit können Sie leicht den Einstieg in Ihre Meditation finden. Dann visualisieren Sie Ihren Loa. Stellen Sie sich sein Wirken vor und sein Handeln. Entwickeln sie entweder ein Standbild von Ihrem Loa und halten Sie dieses Bild fest vor Ihrem geistigen Auge. Oder versuchen Sie Ihr

Glück mit bewegten Bildern in Ihrer Visualisierung. Wenn Sie das über vier bis fünf Minuten geschafft haben, dann können Sie sich an den nächsten Schritt heranwagen. Denken Sie an Ihre magischen Ziele. An den Wunsch Ihres Rituales.

Visualisieren Sie, wie die magische Energie des Loa an der Erfüllung Ihres Wunsches arbeitet. Visualisieren Sie dessen Erfüllung. Stellen Sie sich die Folgen der Realisierung vor. Rücken Sie die Konsequenzen dicht vor Ihr geistiges Auge.

Sie werden die Kraft des Loa spüren. Es wird Ihre Kraft werden.

CHANTS FÜR DIE LOA

Chant für Agawu

Agawu bläst stürmisch

Der Nordostwind ist stark

Der Südwestwind ist stark

Agawu kommt nicht von hier

Agawu grollt und grollt

Agawus Donner rollt

Agawu bläst stürmisch

Er grollt und grollt

Agawu ist unterwegs nach Hause

Er rollt und grollt

Chants für Agwe

Agwe, ich spüre die Wellen

Agwe, ich spüre die Kraft

Aber ich kann nichts sehen

Agwe, führe mich sicher

Durch die dunkle Nacht

Ich brauche nicht zu sehen

Agwe, wenn du mich führst

Agwe, ich spüre die Wellen

Agwe, ich spüre die Kraft

Agwe, führe mich sicher

Schau auf das Wasser

Siehst du sie?

Schau jetzt in das Wasser

Siehst du sie?

Oh Agwe, du siehst sie

Tief unten im Wasser

Dort unter dem Spiegel

Im Wasser sieht er sie

Die Engel

Ich sehe deine Zeichen, Agwe

Ich werde dir Zeichen geben, Agwe

Ich werde Zeichen geben

Ich werde Zeichen geben

Ich werde dir Zeichen geben, Agwe

Dann sehe ich auch deine Zeichen

Agwé-taroyo, schau zu mir

Ich bin auf dem Wasser

Ich bin auf dem Meer

Agwé-taroyo, und wo bist du?

Agwé-taroyo, schau zu mir her

Ich bin auf dem Wasser

Ich bin auf dem Meer

Agwé-taroyo, ich werde immer nasser

Ich bin auf dem Meer

Ich bin auf dem Wasser

Agwé-taroyo, und wo bist du?

Komm zu mir

Ich möchte dich grüßen

Ich will keine Steine unter den Füßen

Chant für Baron Cemetiere

Baron Cemetiere

Die schwarzen Kerzen

brennen hier

Baron Cemetiere

Die schenk ich Dir

Baron Cemetiere

(Vorname, Name)

Bringt mir Verdruss

Baron Cemetiere

Mach damit Schluss

Baron Cemetiere

Ich danke dir

Die schwarzen Kerzen

brennen hier

Baron Cemetiere

Ich ruf dich zu mir

Schwarze Kerzen

Die schenke ich dir

Baron Cemetiere

Gib (Vorname, Name) viel zu tun

Baron Cemetiere

Dann lässt er (sie) mich ruhen.

Chants für Baron Samedie

Oh du Baron der Barone

Oh du Baron der Dunkelheit

Oh, du kennst die Toten

Oh Baron, du öffnest die Tür

in ihr Reich

Oh Baron der Barone

Baron Samedie, steh mir bei

Baron Samedie, hilf mir

Dein Kind ruft dich!

Baron Samedie, steh mir bei

Baron Samedie, hilf mir

Dein Kind ruft dich!

Baron Samedie, zeig deine Macht.

Wasser löscht das Feuer

Baron Samedie, zeig deine Macht.

Wasser löscht das Feuer

Baron Samedie, steh mir bei

Baron Samedie, hilf mir

Dein Kind ruft dich!

Baron Samedie

Du bist sehr mächtig.

Baron Samedie,

Du bist der Meister des Friedhofs

Ich rufe dich, Baron

Du bist ein guter Geist

Wir rufen den Baron der Barone

Und jetzt können wir ihn hören

Baron Samedie

Wir sind alle sehr froh dich zu sehen

Baron Samedie,

Ich rufe dich, Baron

Ich brauche deinen Schutz

Baron Samedie

Ich rufe dich, Baron

Hörst du mich?

Ich brauche deinen Schutz

Weil (Sachverhalt/Bedrohung nennen)

mich bedroht

Ich kann dich sehen, Samedie

Bitte beende (Sachverhalt/Bedrohung)

Das wünsche ich mir sehr

Baron, ich freue mich

Dass du mich schützt

Danke, Baron

Chants für Damballa und Aida-Wedo

Oh Damballa

Du bist die Schlange

Aida Wedo

Du bist die Schlange

Oh Damballa Wedo

Lasst mich auch

wie eine Schlange sein

Damballa, oh Papa Damballa

Damballa, du bist im Wasser

Damballa, du bist der Geist

Damballa, du bist der

Geist im Wasser

Damballa du bist die Quelle

Damballa, oh Papa Damballa

Wirke für mich

Du Geist im Wasser

Danke, Abobo

Damballa, hier sind deine Kinder.

Aida-Wedo, hier sind deine Kinder.

Damballa, beschütze uns.

Aida-Wedo, beschütze uns.

Damballa-Wedo, beschützt eure Kinder!

Danke, Abobo!

Damballa, hier sind deine Kinder.

(Quelle: Alfred Métraux, Voodoo in Haiti)

Damballa-wèdo Papa

Du bist eine Schlange

Schlange, Schlange

Ich rufe die Schlange

Die Schlange spricht noch nicht

Zu mir

Damballa-wèdo Papa

Du bist die Schlange

Schlange, Schlange

Ich rufe die Schlange

Wenn du eine Schlange siehst

Siehst Du Aida-wèdo

Wenn du eine Schlange siehst

Siehst du Damballa

Aida-wèdo ist eine Schlange

Es ist schon finster und wir arbeiten

Die Sonne ist untergegangen und

Wir arbeiten noch

Alle Menschen sind Menschen

Geschaffen vom gleichen Schöpfer

Aber warum sind wir nicht Frei

Freiheit, woy, Papa Damballa

Freiheit, woy, Papa Damballa

Du weißt, dass wir deine Kinder sind

Papa Dambala, Dambala

Öffne deine Augen und schau uns an

Ich frage dich, wo du deine

Kinder verlassen hast

Dambala woy

Damballa, du musst kommen

Und dir das Elend anschauen,

In dem deine Kinder leben.

Damballa, ich rufe dich an

Du stehst hoch über allen

Damballa, mein ganz neuer Plan

Der soll dir gefallen

Gibt mir Klugheit und Kraft

Für richtiges Reagieren

Schnelle gute Arbeit und

Beste Manieren

Damballa, erhöre mich

Damballa, darum bitte ich dich

Damballa-wèdo

Ich lade dich ein

In mein Haus

Zu Gast zu sein

Damballa-wèdo

Ich sehe dich

Damballa-wèdo

Ich freue mich

Ich lade dich ein

In mein Haus

Zu Gast zu sein

Danke Abobo.

Chants für Erzulie

Oh Erzulie

Erzulie, du bist die schöne Frau

Erzulie, du bist Schmuck und Kleider

Erzulie, du bist echte Liebe

Oh Erzulie

Oh Erzulie

Den Zauber der Liebe

Oh, der echten Liebe

Oh, schick ihn her zu mir

Oh Erzulie

Erzulie, schöne Erzulie

Du bist gut gekleidet

Erzulie, verleihe mir die Sympathie

Damit (Vorname, Name) sich in mich

Unsterblich verliebt

Erzulie, Du bist die

Meisterin der Liebe

Erzulie, ich bitte um deine Hilfe

Denn ich bin unglücklich

Danke, Abobo

Oh, du bist die schöne Frau

Du bist Erzulie

Oh, du Schöne

ich habe ein Geschenk

für dich, Erzulie

Nimm es

Bevor du gehst

Danke, Abobo

Erzulie, du große Göttin!

Du bist die Eine, die Alle ist.

Du bist Alle, die Eine sind.

Du bist in mir und um mich herum.

Erfülle mich mit deiner Kraft und Gegenwart.

Ich bitte dich: komm zu mir!

Danke

Erzulie, du schönste Göttin

Heute rufe ich dich

Göttin, komme zu mir

Bitte höre auf mich

Jetzt sage ich es dir

Erzulie, ich möchte nicht

Mehr ohne Liebe leben

Erzulie, schenk mir das Licht

Denn ich will alles geben

(Vorname, Name) wünsch ich mir

Als Partner für Liebe und Leben

Göttin, jetzt sage ich es dir

Bitte, lass mich nicht im Stich

Erzulie hilf und erhöre mich

Erzulie, du schönste Göttin

Ich danke dir

Erzulie, du bist die Göttin der Liebe

ich bitte dich um Hilfe

Ich wünsche mir so sehr

Die Liebe von (Vorname, Name)

Er soll mich lieben wie ich ihn liebe

Er soll mich begehren wie ich ihn begehre

(Vorname, Name) soll zu mir kommen

Wie ich zu ihm

Bei meinen Erklärungen der Liebe

Er soll mein sein wie ich sein

Erzulie, das wünsche ich mir so sehr

Hilf mir Erzulie, dann wird

Mein Wunsch Wirklichkeit

Oh Erzulie, ich danke dir

Chant für Ezili Dantó

Ezili du bist die Priesterin

Und dieser Tempel ist mein Zuhause

Dieses Zuhause ist die Heimat

Meines Geistes

Ezili du bist die Priesterin

Ezili, du bist die Göttin

Ich respektiere deine Kraft

Komm zu mir in meinen Tempel

Mein Tempel ist mein Haus

Mein Haus ist mein Herz

Ezili, du bist die Göttin

Ich respektiere deine Kraft

Komm in meinen Tempel

Danke, Oh du Göttin Ezili

Chant für Ezili kanlikan

Ezili kanlikan elu

Du bist ein strenger Loa

Ezili, du forderst Fleisch

Du bekommst ein Schwein

Du bekommst eine Ziege

Ezili, aber verlange keinen

Bock mit zwei Beinen

Denn ich weiß nicht

Woher ich ihn für dich nehmen sollte

Ezili kanlikan elu

Du bist ein strenger Loa

Chants für Gran Bwa

Gran Bwa, Gran bois

Du kletterst auf die Bäume

Gran Bwa, Gran bois

Ich komme zu dir

Gran Bwa, Gran bois

Ich werde Kräuter sammeln

Gran Bwa, Gran bois

Ich werde Blätter sammeln

Gran Bwa, Gran bois

Ich komme zu dir

Grand bois aus dem Wald

Tritt ein in meine Welt

Grand bois aus dem Wald

Schenk mir die Kraft

Grand bois aus dem Wald

Von Natur und Kräuter

Grand bois aus dem Wald

Für meine Magie

Grand bois aus dem Wald

Danke, Abobo

Gran Bwa, du bist die Kraft

Der Kräuter im Wald

Gran Bwa, komm zu mir

Lehre mich, welches Kraut

Ich brauche, Gran Bwa

Gran Bwa, schenke mir die Kraft

Der Kräuter im Wald

Sieh diese Blätter

Mein Dank an dich

Danke, Abobo

Chants für Guédé

Papa Gede, ich brauche deine Hilfe

Papa Gede, du siehst gut aus

Papa Gede, du bist ein schöner Mann

Und völlig in schwarz gekleidet

Gehst du gerade in einen Palast?

Papa Gede, ich brauche deine Hilfe

Komm in meinen Tempel

Papa Gede, ich brauche deine Hilfe

Papa Gede, du siehst gut aus

Papa Gede, hier ist das gehörnte Fleisch

Papa Gede, hilf mir

Hier steht (Vorname, Name)

Mein Feind ganz allein

Er ist unfreundlich!

Enttäuschung soll über ihn kommen!

(Vorname, Name) soll wehrlos gemacht

und all seine Pläne verhindert werden!

Angst, Zweifel, Trübsal und

Verzweiflung sollen ihn umgeben!

Disharmonie und Wahnsinn sollen sich

in sein schlechtes Leben einschleichen

Er soll bezahlen, mich verflucht zu haben

Der Fluch schlägt auf (Vorname, Name) zurück.

Darum bitte ich dich Papa Gede.

Papa Gede, du starker Gott

Ich bitte dich, mir zu helfen:

All meinen Feinden

Gib ihnen zu tun

Papa Gede, dann

Lassen sie mich ruhen

Papa Gede, du schwarzer Gott

Komm in mein Haus

All meinen Feinden

Gib ihnen zu tun

Papa Gede, dann

Lassen sie mich ruhen

Hühner- Opfer bring ich

Dir zum Dank

Chant für Guédé-brave

Du bist tapfer

Ich sage, du bist mutig

Dein Name ist tapfer

Alles was du hast ist mutig

Dein Fleisch ist mutig

Dein Rum ist mutig

Sogar deine Kartoffel ist mutig

Ich nenne dich Tapferer-Guédé.

Komm und rette deine Kinder

Du kannst es, denn

Du bist tapfer

Ich sage, du bist mutig

Dein Name ist tapfer

Chant für La Sirène

Das blaue Meer, die bunten Fische

Voraus zieht ein Segelboot vorbei

Mein Hut gleich hinterher

Keine Zeit ihn zu holen

Ich verwöhne die Meerjungfrau

Der Hut, der Fisch

Das Boot, das Wasser

Umspült unsere Hüften

Wir liebkosen uns bis

Der Sturm kommt

Oh wie schön bist du

Blaues Meer und weiße Jungfrau

Ich spüre Wärme und Zuneigung

Du wohnst in meinem Herz

Du bist die Liebe

Du schenkst die Liebe

Du willst die Liebe

Du schönste aller Schönen

Du wunderschöne Meerjungfrau

Chants für Legba

Legba, oh Papa Legba

Du hütest die Schranke

O Papa Legba

Öffne die Schranke

Öffne die Schranke

Zur Welt der Loa

Hier stehen deine Kinder

Sie kennen deine Macht

Legba, oh Papa Legba

Öffne die Schranke

Zur Welt der Loa

Öffne die Schranke

Ich grüße die Loa

Legba, Du Hüter der Schranke

Legba, Du bist so mächtig

Legba, Du Hüter der Schranke

Legba, Du bist so mächtig

Oh, öffne die Schranke, Legba

Oh, öffne sie für die Loa

Ich brauche die Hilfe der Götter

Darum rufe ich Dich oh Legba

Legba, Du Hüter der Schranke

Legba, Du bist so mächtig

Oh Legba, Papa Legba

Oh erhöre meine Bitte

Oh Legba, Papa Legba

Oh hebe deine Schranke

Oh Legba, Papa Legba

Du Gott der Kreuzwege

Oh erhöre meine Bitte

Oh hebe deine Schranke

Ich grüße die Loa

Die Schranke ist geschlossen

Du, oh Papa Legba, nur du

Kannst sie für mich öffnen

Legba, am Kreuzweg stehe ich

Und warte auf dich

Papa Legba, öffne sie für mich.

Papa Legba, du bist sehr stark

Bitte öffne mir die Schranke

Bitte öffne mir das Tor

Zur Welt der Loas

Damit ich es passieren kann

Wenn ich wieder zurückkomme

Werde ich die guten Geister preisen

Atibon-Legba, du bist stark

Papa Legba, du hütest die Schranke

Atibon-Legba, du bist stark

Papa Legba, ich begrüße dich

Atibon-Legba, du bist stark

Papa Legba, ich freue mich, dich zu sehen

Atibon-Legba, du bist stark

Papa Legba, ich respektiere dich

Atibon-Legba, bitte öffne die Schranke

Papa Legba, Voodoo Legba

Du Herrscher der Kreuzwege

Bitte öffne die Schranken

Zur Welt der Loa

Damit ich sie passieren kann

Wenn ich zurückkomme

Grüße ich die Loa

Atibon-Legba, ich rufe dich!

Legba, bitte hör mich an!

Ich beschwöre dich, um mich zu schützen

Ich beschwöre dich, um mich bei

Meinem Ritual zu unterstützen

Atibon-Legba, ich rufe dich!

Legba, bitte hör mich an!

Ich beschwöre dich, so ist mein Wille

So soll es geschehen

Danke, Abobo

Papa Legba, du guter Gott

Heute rufe ich dich an

Papa Legba, du guter Gott

Du bist der erste im Pantheon

Papa Legba, ich brauche deine Hilfe

Ich wünsche mir die Erfüllung

Meines wichtigen Wunsches:

(Wunsch nennen)

Papa Legba, du guter Gott

Bitte lass es geschehen und

Lass meinen Wunsch wahr werden

Dafür danke ich dir

Papa Legba, du guter Gott

Du bist der erste im Pantheon

Danke Abobo

Papa Legba, du guter Gott

Komm in unsere Mitte

Das ist worum ich dich bitte

Wir schlagen die Augen nieder

Vor dir ergeben wir uns wieder

Komm in unsere Mitte

Das ist worum ich dich bitte

Danke, Abobo.

Chants für Loco

Loco, oh Loco

Ich brauche deine Hilfe

Loco, oh Loco

Deine Macht und deine Kraft

spende für mich

Ich brauche deine Hilfe

Loco, oh Loco

Ich danke

Abobo

Loco, du bist der Baum

Loco, lass uns wachsen

Loco, du bist der Baum

Loco, lass uns gedeihen

Loco, du bist der Baum

Loco, lass uns erblühen

Loco, du bist der Baum

Loco, oh Loco

Und wenn wir verblühen

Loco, oh Loco

Dann lass uns bald

Wieder wachsen

Denn du bist der Baum

Loco, du bist die Natur

Loco, die Natur hilft uns

Loco, du hilfst uns

Loco, gib mir die Kraft

Loco, gib mir die Macht

damit ich helfen kann

Oh Loco – mit der Natur

Papa Loco, Du guter Gott

Papa Loco, gib mir die Kraft

Für (Vorname, Name)

Papa Loco, Du guter Gott

Loco, verleih mir dein

Wissen über Kräuter

Papa Loco

Ich will (Vorname, Name)

Helfen und heilen

Darum bitte ich dich

Um deine göttliche Macht

Für meinen Zauber

Loco, ich flehe dich an

Ich will (Vorname, Name)

Helfen und heilen

Papa Loco, Du guter Gott

Papa Loco, gib mir die Kraft

Danke, Abobo

Chants für die Marassa

Ihr ehrenwerte Zwillinge

Schaut hier auf meinen Altar

Das hier sind eure Speisen

Hühner, Kuchen, Obst und Wasser

Ihr ehrenwerte Zwillinge

Ich bitte euch

Kümmert euch um die Familie

Wenn es der Familie nicht gut geht

Bitte beschützt die Familie

Danke Abobo

Marassa, ihr göttlichen Zwillinge

Ich rufe euch

Marassa, ihr Zwillings-Loa

Ich rufe euch

Marassa, ihr göttlichen Zwillinge

Ich lade euch ein

Marassa, ihr Zwillings-Loa

Ich lade euch ein

Kommt in mein Haus

Ihr göttlichen Zwillinge

Und genießt meine Gaben

Auf dem Opfertisch

Marassa, danke

dass ihr gekommen seid

Abobo

Chants für Ogou

Ihr Geister, verlasst nicht eure Kinder

Wer Ogou Ferray anrufen will

Der muss stark sein

Ogou Ferray ist sehr stark

Er trinkt und wird nicht betrunken

Ogou Ferray ist sehr stark

Ogou Ferray wird nie betrunken

Ogou arbeitet

Ogou arbeitet und, oh, Ogou isst nicht

Ogou arbeitet und, oh, Ogou isst nicht

Ogou spart sein Geld

Ogou kauft davon ein schönes Kleid

Ogou geht ohne Abendessen ins Bett

Für das schöne Kleid

Ogou Feray

Ich werde fliegen

Ich rufe dich Ogou

Ich werde fliegen

Wenn ich fliege

Werde ich zu hoch fliegen

Wenn du nicht soweit bist

Rufe nicht Ogou!

Abobo.

Ogou, heute rufe ich dich an

Ich brauche deine Macht

Oh, Ogou, ich rufe dich an

Ogou, bitte hilf mir

Bei meinem Geschäft:

(Vorhaben schildern)

Ogou, verleihe mir die Kraft

Deiner Machete für meinen Plan

Ogou, verleihe mir die Kraft

Dann komme ich voran

Oh, Ogou, ich rufe dich an

Ogou, bitte hilf mir

Bei meinem Geschäft

Oh Ogou, ich danke dir.

Chant für Ogu-badagri

Ogu, du beherrscht das Gewitter

Du schleuderst die Blitze

Du schickst den Donner

Und der Donner grollt und grollt

Oh, Badagri oh!

Du blutiger General

Ich bitte dich um deine Hilfe

Bei meiner Magie

Danke

Chants für Simbi

Simbi in der Quelle

Du bist der Meister aller Magier

Papa Simbi, ich bitte dich

um Kraft für meinen Zauber

Ich weiß, dass meine magische

Macht sehr gefährlich ist

Simbi, schütze meine Magie und

bewahre mich vor bösen Fehlern

Simbi in der Quelle

Du bist der Meister aller Magier

Schau auf den Fisch

Danke, Papa Simbi.

Simbi in der Quelle

Ich rufe Simbi in der Quelle

Simbi in der Quelle

Hier bringe ich Dir Wasser

Fische, Eier und Rum

Du bist der große Simbi

Beschütze deine Kinder

Papa Simbi ich bitte dich

auch um Schutz für mich

Danke, Papa Simbi. Abobo

Chants für Zaka

Papa Zaka, du bist wütend

Papa Zaka, warum bist du wütend?

Weil du die gute Frau verlässt

Um auf der Straße zu leben

Bondye hilf, Papa Zaka

Du bist wirklich wütend

Papa Zaka, dich rufe ich an

Damit meine Magie wirken kann

Zaka, lass meine Saat aufgehen

Dann will ich dich wiedersehen

Zaka, wenn ich erst ernten kann

Dann bin ich ein froher Mann

Papa, schau dich hier um

Zaka, für dich ist der Rum

Papa Zaka, dich rufe ich an

Damit meine Magie wirken kann

Danke, Abobo.

Voodoo-Chants für Gott

Großer Gott, unser Land ist dein Land

Unsere Leben wurden durch deine Hand geschaffen

Großer Gott, führe uns und gib uns Schutz

Wir Menschen hier wollen vorankommen

Auf unserem Wege der Entwicklung

Zeig uns, welchen Weg wir gehen sollen

Gib uns das Licht und schenke uns

Deinen Geist

So werden wir dein Königreich bauen

So sei es.

Bondye, du bist der große Gott

Bondye, du stehst über der Welt

Bondye, dein Name ist heilig

Bondye, du bist immer für mich da

Bondye, wenn ich Probleme habe

Bondye, dann hilfst du mir

Bondye, du kennst den rechten Weg

Bondye, im Leben auf der Erde

Bondye, und auch danach

Bondye, wenn ich deine Hilfe brauche

Bondye, dann weiß ich genau

Bondye, du bist der große Gott

Bondye, du stehst über der Welt

Bondye, du bist immer für mich da

Danket dem Herrn, denn er ist gut

Danket dem Gott der Götter

Danket dem Herrn der Herren

Für seine Gnade, die für immer währt

Danket ihm, er allein vollbringt große Wunder

Ihm, der mit Weisheit die Himmel geschaffen hat

Ihm, der die Erde über die Meere gezogen hat

Ihm, der die Sonne den Tag regieren lässt

Und Mond und Sterne die Nacht

Ihm, der das Rote Meer geteilt hat

Und Israel hindurch gehen ließ

Ihm, der allem Fleisch Nahrung gibt

O danket dem Gott des Himmels

Für seine Gnade, die für immer währt

Ich bin erfüllt mit der Kraft Gottes

Ich bin voller Kraft Gottes

Sieh, mein Herz ist eine Flamme

Berühre meine Seele, sie fliegt langsam

Atme meinen Geist, der so leicht ist wie Luft

Mein Körper ist die Erde.

Ich bin erfüllt mit der Kraft Gottes

Ich bin voller Kraft Gottes.

Herr, nur du bist würdig

Den Preis zu nehmen

Herr, nur du bist würdig

Die Ehre zu nehmen

Herr, nur du bist würdig

Die Kraft zu nehmen

Herr, nur du bist würdig

Denn du hast alles geschaffen

Herr, nur du bist würdig

Denn durch dich existieren wir

Durch deinen Willen auf Erden

Amen.

INTERNETADRESSEN ZUM THEMA

Hinweis: Diese Linkliste ist nur eine sehr kleine Auswahl und ohne jeglichen Anspruch auf Vollständigkeit und Aktualität. Wie Sie sich denken können, befindet sich das Medium Internet im ständigen Wandel. Sie finden über die großen Suchmaschinen wie z.B. www.google.de Zugang zum riesigen Angebot zum Thema Voodoo. Die Qualitäten der dargebotenen Informationen sind unterschiedlich. Unternehmen Sie einfach eine magische Surftour und genießen Sie das, was Sie finden.

www.beepworld.de/members21/frya/links.htm

Zubehör für Hexen- und Voodoorituale.

www.charmed.de

Infos über Voodoo und Voodoopuppen.

www.daemonen.de

de.geocities.com/sternen2003

Voodookräuter, Voodooschule.

www.esotheka.de

Voodoopuppen.

www.esoterik-forum.de/surfthemen/voodoo.htm

Voodoo. Anleitung für Liebeszauber und Wunscherfüllung

www.esoterischer-verlag.de

Voodoozubehör für Voodoorituale.

www.feraferia-versand.de/Voodoo.htm

Voodoo-Rituale.

www.hexentruhe.de

Angebote zum Selberhexen: magische Amulette, Öle, Kristallkugeln, Ritualkerzen, Räucherungen, Kräuter, Voodoopuppen, Hexenkessel, Dolche.

www.hexenwelt.de/voodoo1.htm

Voodoopuppen.

www.kontakt-wap.de

Voodoo mit Puppen.

www.kraheck-astrologie.de/onlineshop/

Voodoopuppen.

www.magicworldinternational.com

Voodoopuppen Stoff; mit Nadel und Anleitung.

www.magischer-tempel.de

Voodooliteratur.

www.newromantic-shop.de

Voodoopuppen.

www.papa-nemo.de

Informationen über Voodoo.

www.sedna.de/shop/voodoo_voodoo-puppen.htm

Voodoopuppen.

www.talismane.de/pi1023483233.htm

Voodoopuppen.

www.trendameise.de/shop/accessoires_voodoo_pupp en.htm

Voodoopuppen.

www.voodoo.de.

Voodoo-Rituale.

www.voodoo24.de.

Puppenrituale, Voodoo-Rituale online.

www.voodoopuppen.de

Voodoopuppen.

www.voodoorituale.com

www.wakandas.de/puppen.

Voodoopuppen.

www.wakandas.de/voodoo.htm

Voodoo, Voodoopuppen, Kerzen, Bücher über Voodoo.

weisse-magie.de/zaubersprueche/knoten-puppen.hat

Voodoo und Voodoopuppen.

www.weisse-magie-rituale.de

Voodoorituale, Ritualzubehör, Voodoopuppen,
Voodoonadeln.

www.zauberspruch.de

QUELLEN- UND LITERATURVERZEICHNIS

BANDINI, Pietro: Voodoo. Von Hexen, Zombies und schwarzer Magie

Knaur Verlag

BLACK, S. Jason: Urban Voodoo

New Falcon Publications

BOKPE, Annette: Der Kuss des Voodoo. Mein Leben als afrikanische Prinzessin

List

BANDERA, Monika: Rechtsextremismus und Voodoo

Tebbert Verlag

CHESI, Gerd: Voodoo in Afrika. Menschen im Banne der Götter

Haymon Verlag

CHRISTOPH, Henning: Voodoo. Geheime Macht in Afrika

Taschen Verlag

DAVIS, E. Wade: Die Toten kommen zurück

Droemer Knaur

DEREN, Maya: The devine Horseman

Thames & Hudson

DOUVAL: Lehrbuch der Magie

Ansata Verlag

DRABECK, Elisabeth: Wunderwelt Voodoo

Edition Edis

EGLI, René: Das Lola-Prinzip

Editions D´Olt

ELWERT-KRETSCHMER: Religion und Angst

Campus

FILLIPETTI: Zauber, Riten und Symbole

Bauer Verlag

GORDON, Leah: Voodoo, Magie und Rituale

Bassermann Verlag

HALL, James: Eine Reise zu den Geistern Afrikas

Droemer Knaur

HOLZAPFEL, Varuna: Santeria. Der Voodoo der Kubaner

Smaragd

JERRY, Voodoo: Mini Voodoo für die Schule

Achterbahn

JERRY, Voodoo: Mini Voodoo für Steuerzahler

Achterbahn

LOO, Voodoo: Mini Pack Voodoo

Ars Edition

LOO, Voodoo: Voodoo Glücks- und Liebeszauber

Achterbahn

LOO, Voodoo: Voodoo fürs Büro

Achterbahn

METRAUX, Alfred: Voodoo in Haiti

Schockenbooks

NASSETTI, Rosamaria: Magia Vaudoo

Edizioni Mediterranee

NEMO, Papa: Der Weg des Voodoo

Edition Esoterick

OWUSU, Heike: Voodoo Rituale

Schirmer Verlag

PELTON, Robert: Voodoo Charms & Talismans

Original Verlag

REKO, Victor A.: Magische Gifte. Rausch- und Betäubungsmittel der neuen Welt,

Vwb

REUTER, Astrid: Voodoo. Und andere afro-amerikanische Religionen.

Beck

RIGAUD, Milo: Secrets of Voodoo

City Light Publishers

SHANGA, Papa: Praxis der Voodoo-Magie.

Esoterischer Verlag Paul Hartmann

SHANGA, Papa: Voodoo Praxis

Esoterischer Verlag Paul Hartmann

SNAKE, Doktor: Voodoo Spellbook

St. Martin´s Press

TURLINGTON, Shannon R.: Do you do Voodoo?

South Street Press

VENZAGO, Alberto: Voodoo - Mounted by the Gods

Prestel Voodoopuppen Stoff; mit Nadel und Anleitung.

HAFTUNGSAUSSCHLUSS

1. Inhalt der Publikation

Die Autoren und der Verlag übernehmen keine Gewähr für Korrektheit, Vollständigkeit oder Qualität der in dieser Publikation bereitgestellten Informationen. Haftungsansprüche gegen die Autoren wegen Schäden materieller oder ideeller Art, die durch Nutzung oder Nichtnutzung der Informationen bzw. durch die Nutzung fehlerhafter und unvollständiger Informationen verursacht wurden, sind grundsätzlich ausgeschlossen.

2. Urheberrecht

Das Copyright für veröffentlichte, von den Autoren und dem Zeichner Hans Henning Kirchner selbst erstellten Grafiken, Zeichnungen und Texten bleibt allein bei den Autoren und dem Zeichner. Vervielfältigung, Weitergabe oder Verwendung solcher Grafiken und Texte in anderen elektronischen oder gedruckten Publikationen ist ohne ausdrückliche schriftliche Zustimmung des Verlages und der Autoren nicht gestattet. Auf Anfrage wird in der Regel vom Verlag die Zustimmung zu solchen Vorhaben erteilt.